REZEPTKAPITEL

06 DRINKS MIT GETREIDE & NÜSSEN

28 FRUCHTSHAKES & SWEETSHAKES

44 GEMÜSESHAKES

04 DER AUTOR
05 ERDBEERDRINK MIT 3 ZUTATEN
11 COVERREZEPT
60 REGISTER, ABKÜRZUNGSVERZEICHNIS
62 IMPRESSUM, LESERSERVICE, GARANTIE

NICO STANITZOK

Ohne Proteine läuft in unserem Körper fast nichts: Er braucht sie als Bausteine für Gewebe, Muskeln, Organe, Blut, Enzyme, Hormone oder Antikörper. Selbst gemixte Eiweißdrinks aus frischen Zutaten liefern dafür bestes Baumaterial.

Warum sind Eiweißdrinks gut?

Proteine werden aus Aminosäuren gebildet, die unser Körper größtenteils selber herstellen kann. Einige davon – die unentbehrlichen Aminosäuren – müssen jedoch mit der Nahrung aufgenommen werden. Ein Eiweißdrink ist daher immer eine gute Möglichkeit, den Körper optimal mit allen unentbehrlichen Aminosäuren zu versorgen.

Wann ist der beste Zeitpunkt?

Am liebsten nehme ich meinen Eiweißdrink nach dem morgendlichen Laufen zu mir, da ich danach noch nicht besonders hungrig bin. Um meinen Körper dennoch mit der nötigen Energie zu versorgen, kommt mir ein Eiweißdrink genau recht. Er ist bekömmlich und lecker sowieso. Und wenn ich davon 700 ml trinke, bin ich locker bis zur nächsten Hauptmahlzeit satt. Es spielt aber keine Rolle, ob Sie Ihren Eiweißdrink morgens, mittags oder abends trinken – er versorgt Sie zu jeder Tageszeit mit allen benötigten Nährstoffen.

Warum selber mixen?

Wer Testberichte zu Eiweißpulvern liest, stellt sich zwangsläufig die Frage: »Soll ich meinen Eiweißdrink besser selber mixen?«. Denn Testergebnisse, die unter anderem eine zu hohe und möglicherweise schädliche Dosierung oder Rückstände von Reinigungsmitteln bescheinigen, verderben mir den Appetit. Selber mixen schafft Gewissheit über die Inhaltsstoffe. Besonders schön finde ich, dass man viele Zutaten dafür meist ohnehin im Vorrat hat. Die benötigten frischen Zutaten wie Obst, Gemüse und Milchprodukte lassen sich noch zu anderen Gerichten verarbeiten oder können einfach pur genossen werden. Auf diese Weise ist für Abwechslung gesorgt und es verkommt nichts.

ERDBEERDRINK MIT 3 ZUTATEN

250 g TK-Erdbeeren in den Mixer geben und ca. 10 Min. antauen lassen.

150 g Magerquark und …

… 300 ml Milch (1,5 % Fett) dazugeben.

Den Mixer verschließen und auf kleinster Stufe starten. Dann alles auf höchster Stufe 40–50 Sek. fein und cremig pürieren. Zum Schluss nach Belieben noch etwas Wasser zum Verdünnen dazugeben und erneut kurz mixen. Den Drink in 2 Gläser (à 350 ml) füllen und servieren.

DRINKS MIT GETREIDE & NÜSSEN

09 ORANGE FEVER

10 MANDELTRAUM

11 INDISCHER SONNENAUFGANG

12 ENERGY POWERHOUSE

13 MORNING DATE

14 LOVE POTION

15 BANANA SPLIT

16 LILA BALLASTSTOFF-POWER

18 NUGAT-BANANEN-SHAKE

19 MÜSLI-MONSTER

20 SCHOKO-MONSTER

21 WEISSE VANILLECREME

22 HEIDELBEER-KRAFTMIX

23 MELONEN-SAATEN-MIX

25 ERBSEN-BANANEN-SHAKE

26 COFFEE LOVER

27 MANDEL-KOKOS-MOCHA

Für 2 Gläser à 350 ml • 20 Min. Zubereitung • Pro Portion ca. 245 kcal, 15 g E, 7 g F, 30 g KH

ORANGE FEVER

VITAMINREICH

1 mittelgroße Orange (ca. 250 g)
50 g Möhre
1 große Tomate (ca. 100 g)
50 g Soft-Aprikosen
150 g körniger Frischkäse
150 ml Milch (1,5 % Fett)
1 EL geschälte Mandeln
2 Msp. edelsüßes Paprikapulver

GUT ZU WISSEN
Der Mensch benötigt Proteine unter anderem zur Muskelbildung und -regeneration. Nach einer Trainingseinheit kann der Körper Eiweiß innerhalb von 45 Minuten besonders gut in die Muskelzellen transportieren. Ein Eiweißdrink liefert die nötigen Nährstoffe.

1 Die Orange schälen, sodass auch die weiße Innenhaut mit entfernt wird. Das Fruchtfleisch in grobe Stücke schneiden. Die Möhre putzen, schälen und in kleine Stücke schneiden. Die Tomate waschen und achteln, dabei den Stielansatz herausschneiden. Die Aprikosen halbieren oder klein schneiden.

2 Orange, Möhre, Tomate und Aprikosen mit Frischkäse, Milch und Mandeln in den Mixer geben.

3 Den Mixer verschließen und auf kleinster Stufe starten. Dann alles auf höchster Stufe 40–50 Sek. fein pürieren, bis ein cremiger Drink entstanden ist.

4 Nach Belieben noch etwas Wasser zum Verdünnen dazugeben und erneut kurz mixen. Den Drink in Gläser füllen, mit je 1 Msp. Paprikapulver garnieren und servieren, nach Belieben mit Trinkhalmen.

Für 2 Gläser à 350 ml • 10 Min. Zubereitung • Pro Portion ca. 285 kcal, 12 g E, 15 g F, 23 g KH

MANDELTRAUM

KALZIUMREICH

1 kleine Banane (ca. 150 g)
300 g Joghurt (1,5 % Fett)
200 ml Mandeldrink (ungesüßt)
50 g Kokosmilch
4 EL Haferflocken
4 EL Mandeln (nach Belieben geschält)

1 Die Banane schälen und in grobe Stücke schneiden. Die Bananenstücke mit Joghurt, Mandeldrink, Kokosmilch, Haferflocken und Mandeln in den Mixer geben.

2 Den Mixer verschließen und auf kleinster Stufe starten. Dann alles auf höchster Stufe 40–50 Sek. fein pürieren, bis ein cremiger Drink entstanden ist.

3 Nach Belieben noch etwas Wasser zum Verdünnen dazugeben und erneut kurz mixen. Den Drink in Gläser füllen und servieren, nach Belieben mit Trinkhalmen.

Für 2 Gläser à 350 ml • 15 Min. Zubereitung • Pro Portion ca. 215 kcal, 18 g E, 2 g F, 28 g KH

INDISCHER SONNENAUFGANG

EINFACH

150 g TK-Mango (gewürfelt)
250 g Magerquark
200 ml Reisdrink (ungesüßt)
1 EL Haferkleie
2 TL gemahlene Kurkuma

1 Die Mangowürfel in den Mixer geben und ca. 10 Min. antauen lassen. Quark, Reisdrink, Haferkleie, Kurkuma und 100 ml Wasser zu den Mangowürfeln in den Mixer geben.

2 Den Mixer verschließen und auf kleinster Stufe starten. Dann alles auf höchster Stufe 40–50 Sek. fein pürieren, bis ein cremiger Drink entstanden ist.

3 Nach Belieben noch etwas Wasser zum Verdünnen dazugeben und erneut kurz mixen. Den Drink in Gläser füllen und servieren.

Für 2 Gläser à 350 ml • 30 Min. Zubereitung • Pro Portion ca. 380 kcal, 20 g E, 17 g F, 34 g KH

ENERGY POWERHOUSE

VEGAN

50 g Quinoa
1 kleine Banane (ca. 150 g)
100 g Tofu
250 ml Sojadrink (ungesüßt)
100 g TK-Mango (gewürfelt)
3 EL Erdnussmus
½ TL Kakaopulver
¼ TL gemahlene Vanille

1 In einem kleinen Topf 500 ml Wasser zum Kochen bringen. Die Quinoa in einem Sieb abbrausen, dann in das kochende Wasser einrühren und offen 20 Min. bei mittlerer Hitze köcheln lassen. In ein Sieb abgießen, kalt abbrausen und in den Mixer geben.

2 Die Banane schälen und in grobe Stücke schneiden. Den Tofu grob schneiden. Banane und Tofu mit Sojadrink, Mangowürfeln, Erdnussmus, Kakaopulver und Vanille in den Mixer zur Quinoa geben.

3 Den Mixer verschließen und auf kleinster Stufe starten. Dann alles auf höchster Stufe 40–50 Sek. fein pürieren, bis ein cremiger Drink entstanden ist.

4 Nach Belieben noch etwas Wasser zum Verdünnen dazugeben und erneut kurz mixen. Den Drink in Gläser füllen und servieren, nach Belieben mit Trinkhalmen.

Für 2 Gläser à 350 ml • 10 Min. Zubereitung • Pro Portion ca. 270 kcal, 11 g E, 8 g F, 36 g KH

MORNING DATE

ORIENTALISCH

6 Datteln (entsteint, am besten Soft-Datteln)
300 g Joghurt (3,5 % Fett)
250 ml Milch (1,5 % Fett)
50 ml Orangensaft
2 EL Weizenkleie
½ TL gemahlene Kurkuma
2 Msp. gemahlener Kardamom
1 Msp. gemahlener Kreuzkümmel

1 Die Datteln etwas kleiner schneiden. Die Dattelstücke mit Joghurt, Milch, Orangensaft, Weizenkleie, Kurkuma, Kardamom und Kreuzkümmel in den Mixer geben.

2 Den Mixer verschließen und auf kleinster Stufe starten. Dann alles auf höchster Stufe 40–50 Sek. fein pürieren, bis ein cremiger Drink entstanden ist.

3 Nach Belieben noch etwas Wasser zum Verdünnen dazugeben und erneut kurz mixen. Den Drink in Gläser füllen und servieren.

GUT ZU WISSEN
Datteln sättigen wegen ihres hohen Ballaststoffgehalts sehr gut!

Für 2 Gläser à 350 ml • 15 Min. Zubereitung • Pro Portion ca. 165 kcal, 14 g E, 3 g F, 19 g KH

LOVE POTION

VITAMINREICH

150 g TK-Erdbeeren
100 g Litschis
1 Maracuja
250 g Kokosmilch
150 g Magerquark
2 EL ungeschälte Hanfsamen (ersatzweise Chia-Samen)

1 Die Erdbeeren in den Mixer geben und ca. 10 Min. antauen lassen. Inzwischen die Litschis aus der Schale lösen, die Kerne entfernen. Die Maracuja halbieren und das Fruchtfleisch mit einem Löffel herauslösen. Litschis, Maracuja, Kokosmilch, Quark und Hanfsamen zu den Erdbeeren in den Mixer geben.

2 Den Mixer verschließen und auf kleinster Stufe starten. Dann alles auf höchster Stufe 40–50 Sek. fein pürieren, bis ein cremiger Drink entstanden ist.

3 Nach Belieben noch etwas Wasser zum Verdünnen dazugeben und erneut kurz mixen. Den Drink in Gläser füllen und servieren.

Für 2 Gläser à 350 ml • 15 Min. Zubereitung • Pro Portion ca. 475 kcal, 15 g E, 23 g F, 49 g KH

BANANA SPLIT

AMERIKANISCH

2 kleine Bananen (ca. 300 g)
1 EL getrocknete Kirschen
300 ml Milch (1,5 % Fett)
2 Kugeln Schokoladeneiscreme (ca. 60 g)
3 EL Erdnussmus
2 EL Cashewkerne
½ TL gemahlene Vanille
1 EL gehackte Haselnusskerne

1 Die Bananen schälen und in grobe Stücke schneiden. Die Kirschen mit einem großen Messer fein hacken.

2 Die Bananenstücke mit Milch, Schokoladeneiscreme, Erdnussmus, Cashewkernen und Vanille in den Mixer geben.

3 Den Mixer verschließen und auf kleinster Stufe starten. Dann alles auf höchster Stufe 40–50 Sek. fein pürieren, bis ein cremiger Drink entstanden ist.

4 Nach Belieben noch etwas Wasser zum Verdünnen dazugeben und erneut kurz mixen. Den Drink in Gläser füllen, mit gehackten Haselnüssen und Kirschen garnieren und servieren, nach Belieben mit Trinkhalmen. Je nach Wunsch können die Kirschen und Haselnüsse auch mit gemixt werden.

Für 2 Gläser à 350 ml • 15 Min. Zubereitung • Pro Portion ca. 235 kcal, 10 g E, 5 g F, 35 g KH

LILA BALLASTSTOFF-POWER

BALLASTSTOFFREICH

150 g TK-Heidelbeeren
1 kleine Banane (ca. 150 g)
200 ml Milch (1,5 % Fett)
200 g Joghurt (1,5 % Fett)
2 EL Haferkleie
2 EL Leinsamen

GUT ZU WISSEN
Heidelbeeren sind kalorienarm und liefern reichlich Vitamin C, E und K, B-Vitamine, Mineralstoffe wie Magnesium und Eisen sowie Anthocyane, die vor Hautalterung und Krebs schützen sollen. Waldheidelbeeren schmecken säuerlicher und färben aufgrund des höheren Gehalts an Anthocyanen intensiver als Kulturheidelbeeren.

1 Die Heidelbeeren in den Mixer geben und ca. 10 Min. antauen lassen. Inzwischen die Banane schälen und in grobe Stücke schneiden.

2 Die Bananenstücke mit Milch, Joghurt, Haferkleie und Leinsamen zu den Heidelbeeren in den Mixer geben.

3 Den Mixer verschließen und auf kleinster Stufe starten. Dann alles auf höchster Stufe 40–50 Sek. fein pürieren, bis ein cremiger Drink entstanden ist.

4 Nach Belieben noch etwas Wasser zum Verdünnen dazugeben und alles erneut kurz mixen. Den Drink in Gläser füllen und sofort servieren.

Für 2 Gläser à 350 ml • 15 Min. Zubereitung • Pro Portion ca. 310 kcal, 11 g E, 18 g F, 25 g KH

NUGAT-BANANEN-SHAKE

GLUTENFREI

1 kleine Banane (ca. 150 g)
300 ml Mandeldrink (ungesüßt)
200 g Joghurt (1,5 % Fett)
50 g Magerquark
2 EL Haselnussmus
2 EL Haselnuss-Nugat-Creme
1 EL Kakaopulver
¼ TL gemahlene Vanille

1 Die Banane schälen und in grobe Stücke schneiden. Bananenstücke mit Mandeldrink, Joghurt, Quark, Haselnussmus, Haselnuss-Nugat-Creme, Kakaopulver und Vanille in den Mixer geben.

2 Den Mixer verschließen und auf kleinster Stufe starten. Dann alles auf höchster Stufe 40–50 Sek. fein pürieren, bis ein cremiger Drink entstanden ist.

3 Nach Belieben noch etwas Wasser zum Verdünnen dazugeben und erneut kurz mixen. Den Drink in Gläser füllen und servieren, nach Belieben mit Trinkhalmen.

Für 2 Gläser à 350 ml • 15 Min. Zubereitung • Pro Portion ca. 310 kcal, 14 g E, 11 g F, 36 g KH

MÜSLI-MONSTER

GUT VORZUBEREITEN

1 kleiner Apfel (ca. 150 g)
50 g Haferflocken
1 EL Rosinen
2 EL Mandeln
(nach Belieben geschält)
250 g Joghurt (1,5 % Fett)
250 ml Milch (1,5 % Fett)

GUT ZU WISSEN
Lassen Sie den Drink über Nacht im Kühlschrank ziehen, dadurch quellen die Haferflocken und sind noch bekömmlicher. Zum Trinken mit extra Wasser verdünnen.

1 Den Apfel waschen und in grobe Stücke schneiden, dabei das Kerngehäuse entfernen. Apfelstücke mit Haferflocken, Rosinen, Mandeln, Joghurt und Milch in den Mixer geben.

2 Den Mixer verschließen und auf kleinster Stufe starten. Dann alles auf höchster Stufe 40–50 Sek. fein pürieren, bis ein cremiger Drink entstanden ist.

3 Nach Belieben noch etwas Wasser zum Verdünnen dazugeben und erneut kurz mixen. Den Drink in Gläser füllen und servieren.

Für 2 Gläser à 350 ml • 15 Min. Zubereitung • Pro Portion ca. 340 kcal, 13 g E, 21 g F, 24 g KH

SCHOKO-MONSTER

REICH AN ANTIOXIDANTIEN

50 g Zartbitterschokolade
200 ml Mandeldrink (ungesüßt)
100 g Kidneybohnen (Dose, abgetropft)
200 g Joghurt (1,5 % Fett)
8 Eiswürfel
2 EL geschälte Mandeln
2 EL Kakaopulver
1 Msp. Zimtpulver

1 Die Schokolade mit einem Messer grob hacken. Den Mandeldrink in einem Topf bei kleiner Hitze erwärmen. Die Schokolade dazugeben und unter Rühren auflösen.

2 Die Schoko-Mandeldrink-Mischung mit den Bohnen in den Mixer füllen. Joghurt, Eiswürfel, Mandeln, Kakao und Zimt dazugeben.

3 Den Mixer verschließen und auf kleinster Stufe starten. Dann alles auf höchster Stufe 40–50 Sek. fein pürieren, bis ein cremiger Drink entstanden ist.

4 Nach Belieben noch etwas Wasser zum Verdünnen dazugeben und erneut kurz mixen. Den Drink in Gläser füllen und servieren, nach Belieben mit Trinkhalmen.

Für 2 Gläser à 350 ml • 20 Min. Zubereitung • Pro Portion ca. 325 kcal, 19 g E, 20 g F, 17 g KH

WEISSE VANILLECREME

VEGAN

2 EL geschälte Mandeln
1 EL Chia-Samen
2 TL Sesam (nach Belieben hell oder dunkel)
1 kleine Banane (ca. 150 g)
250 g Tofu
250 ml Mandeldrink (ungesüßt)
2 EL Haferflocken
½ TL gemahlene Vanille
2 Eiswürfel

1 Für einen Drink mit einem besonders nussigen Aroma Mandeln, Chia-Samen und Sesam nacheinander in einer Pfanne ohne Fett anrösten und abkühlen lassen – Mandeln und Samen können aber auch ungeröstet verwendet werden.

2 Die Banane schälen und in grobe Stücke schneiden. Den Tofu grob schneiden. Banane und Tofu mit Mandeldrink, Haferflocken, Mandeln, Chia-Samen, Vanille und Eiswürfeln in den Mixer geben.

3 Den Mixer verschließen und auf kleinster Stufe starten. Dann alles auf höchster Stufe 40–50 Sek. fein pürieren, bis ein cremiger Drink entstanden ist.

4 Nach Belieben noch etwas Wasser zum Verdünnen dazugeben und alles erneut kurz mixen. Den Drink in Gläser füllen, mit je 1 TL Sesam garnieren und servieren.

Für 2 Gläser à 350 ml • 15 Min. Zubereitung • Pro Portion ca. 265 kcal, 11 g E, 12 g F, 27 g KH

HEIDELBEER-KRAFTMIX

REICH AN ANTIOXIDANTIEN

150 g TK-Heidelbeeren
250 g Joghurt (1,5 % Fett)
250 ml Milch (1,5 % Fett)
2 EL Haselnusskerne
1 EL Chia-Samen

1 Die Heidelbeeren in den Mixer geben und ca. 10 Min. antauen lassen. Joghurt, Milch, Haselnüsse und Chia-Samen zu den Heidelbeeren in den Mixer geben.

2 Den Mixer verschließen und auf kleinster Stufe starten. Dann alles auf höchster Stufe 40–50 Sek. fein pürieren, bis ein cremiger Drink entstanden ist.

3 Nach Belieben noch etwas Wasser zum Verdünnen dazugeben und erneut kurz mixen. Den Drink in Gläser füllen und servieren, nach Belieben mit Trinkhalmen.

Für 2 Gläser à 350 ml • 15 Min. Zubereitung • Pro Portion ca. 285 kcal, 13 g E, 13 g F, 25 g KH

MELONEN-SAATEN-MIX

BALLASTSTOFFREICH

250 g Zuckermelonen-fruchtfleisch (von ca. 350 g Melone)
250 g Joghurt (1,5 % Fett)
2 EL Haferflocken
2 EL Chia-Samen
2 EL Leinsamen
2 EL Sonnenblumenkerne (ersatzweise Kürbiskerne)
8 Eiswürfel

1 Die Melone in grobe Stücke schneiden. Die Melonenstücke mit Joghurt, Haferflocken, Chia-Samen, Leinsamen, Sonnenblumenkernen und Eiswürfeln in den Mixer geben.

2 Den Mixer verschließen und auf kleinster Stufe starten. Dann alles auf höchster Stufe 40–50 Sek. fein pürieren, bis ein cremiger Drink entstanden ist.

3 Nach Belieben noch etwas Wasser zum Verdünnen dazugeben und erneut kurz mixen. Den Drink in Gläser füllen und servieren.

Für 2 Gläser à 350 ml • 15 Min. Zubereitung • Pro Portion ca. 275 kcal, 19 g E, 12 g F, 22 g KH

ERBSEN-BANANEN-SHAKE

VEGAN

150 g TK-Erbsen
1 kleine Banane (ca. 150 g)
100 g Tofu
12 Minzeblätter
300 ml Sojadrink (ungesüßt)
2 EL Erdnusskerne (geröstet und gesalzen)
2 Msp. gemahlener Anis

1 Die Erbsen in den Mixer geben und ca. 10 Min. antauen lassen. Inzwischen die Banane schälen und in grobe Stücke schneiden. Den Tofu ebenfalls grob schneiden. Die Minzeblätter kalt abbrausen.

2 Bananenstücke, Tofu und Minze mit Sojadrink, Erdnüssen und Anis zu den Erbsen in den Mixer geben.

3 Den Mixer verschließen und auf kleinster Stufe starten. Dann alles auf höchster Stufe 40–50 Sek. fein pürieren, bis ein cremiger Drink entstanden ist.

4 Nach Belieben noch etwas Wasser zum Verdünnen dazugeben und erneut kurz mixen. Den Erbsen-Bananen-Shake in Gläser füllen und servieren.

Für 2 Gläser à 350 ml • 10 Min. Zubereitung • Pro Portion ca. 205 kcal, 14 g E, 7 g F, 22 g KH

COFFEE LOVER

ZUM FRÜHSTÜCK

1 kleine Banane (ca. 150 g)
200 ml kalter Kaffee
250 ml Milch (1,5 % Fett)
2 EL Leinsamen
2 EL Haferflocken
1 EL gemahlene Gelatine
1 EL Kakaopulver
3 Eiswürfel
2 Prisen Zimtpulver

GUT ZU WISSEN
Gelatine besteht zu fast 90 Prozent aus tierischem Protein, der Rest sind Mineralsalze und Wasser.

1 Die Banane schälen und in grobe Stücke schneiden. Die Bananenstücke mit Kaffee, Milch, Leinsamen, Haferflocken, Gelatine, Kakaopulver und Eiswürfeln in den Mixer geben.

2 Den Mixer verschließen und auf kleinster Stufe starten. Dann alles auf höchster Stufe 40–50 Sek. fein pürieren, bis ein cremiger Drink entstanden ist.

3 Den Drink in Gläser füllen, mit je 1 Prise Zimtpulver garnieren und sofort servieren.

Für 2 Gläser à 350 ml • 10 Min. Zubereitung • Pro Portion ca. 285 kcal, 16 g E, 17 g F, 15 g KH

MANDEL-KOKOS-MOCHA

ZUM FRÜHSTÜCK

1 kleine Banane (ca. 150 g)
250 ml Mandeldrink (ungesüßt)
150 g Magerquark
150 ml kalter Kaffee
1 EL lösliches Kaffeepulver
1 EL Kokosmus
1 EL Kakaopulver
2 EL geschälte Mandeln
½ TL gemahlene Vanille
2 TL Kokosraspel

1 Die Banane schälen und in grobe Stücke schneiden. Die Bananenstücke mit Mandeldrink, Quark, Kaffee, Kaffeepulver, Kokosmus, Kakaopulver, Mandeln und Vanille in den Mixer geben.

2 Den Mixer verschließen und auf kleinster Stufe starten. Dann alles auf höchster Stufe 40–50 Sek. fein pürieren, bis ein cremiger Drink entstanden ist.

3 Nach Belieben noch etwas Wasser zum Verdünnen dazugeben und alles erneut kurz mixen. Den Drink in Gläser füllen, mit je 1 EL Kokosraspeln garnieren und servieren.

FRUCHTSHAKES & SWEETSHAKES

31 COOKIES & CREAM

32 BANANE-KIRSCH-SHAKE

34 TROPICAL SMOOTHIE

35 RÜBLI SPEZIAL

36 ZIMT AM SÜDSEESTRAND

37 APFEL-NUSS-SHAKE

38 PINK PRINCESS

39 SWEET SUNRISE

40 PFIRSICH-MANDEL-SHAKE

41 SUNSET HILL

42 WHITE CHOCOLATE MINT

43 HIMBEERE MIT FANTASIE

Für 2 Gläser à 350 ml • 15 Min. Zubereitung • Pro Portion ca. 310 kcal, 21 g E, 12 g F, 29 g KH

COOKIES & CREAM

SÄTTIGT GUT

2 Schokoladen-Sandwichkekse mit Vanillefüllung (z. B. Oreo)
½ TL Kakaopulver
1 TL Rapsöl
2 Kugeln Vanilleeiscreme (ca. 60 g)
400 ml Milch (1,5 % Fett)
180 g Magerquark
½ TL gemahlene Kurkuma

1 Die Kekse in einen Gefrierbeutel geben und diesen verschließen. Dann mit einem Nudelholz mehrmals darüberrollen oder mit einem Topfboden daraufklopfen und die Kekse zerbröseln.

2 Das Kakaopulver mit dem Rapsöl in einem Schälchen mit einem Teelöffel glatt verrühren. Vanilleeis, Milch, Quark und Kurkuma in den Mixer geben.

3 Den Mixer verschließen und auf kleinster Stufe starten. Dann alles auf höchster Stufe 40–50 Sek. fein pürieren, bis ein cremiger Drink entstanden ist.

4 Nach Belieben noch etwas Wasser zum Verdünnen dazugeben und erneut kurz mixen. Den Drink in Gläser füllen. Mit den Keksbröseln garnieren und mit dem Kakaoguss beträufeln. Den Drink sofort servieren.

Für 2 Gläser à 350 ml • 20 Min. Zubereitung • Pro Portion ca. 220 kcal, 20 g E, 5 g F, 24 g KH

BANANE-KIRSCH-SHAKE

RAFFINIERT

100 g TK-Sauerkirschen (entsteint)
1 kleine Banane (ca. 150 g)
100 g Tofu
200 g Magerquark
150 ml Mandeldrink (ungesüßt)
4 Eiswürfel

1 Die Kirschen in eine Schale geben und ca. 10 Min. antauen lassen. Inzwischen die Banane schälen und in grobe Stücke schneiden. Den Tofu ebenfalls grob schneiden.

2 Für den Bananendrink die Bananenstücke mit 50 g Tofu, 100 g Quark, 75 ml Mandeldrink und 4 Eiswürfeln in den Mixer geben. Den Mixer verschließen und auf kleinster Stufe starten. Dann alles auf höchster Stufe 40–50 Sek. fein pürieren, bis ein cremiger Drink entstanden ist. Den Bananendrink gleichmäßig in zwei Gläser füllen.

3 Für den Kirschdrink die Kirschen mit 50 g Tofu, 100 g Quark und 75 ml Mandeldrink in den Mixer geben. Den Mixer verschließen und auf kleinster Stufe starten. Dann alles auf höchster Stufe 40–50 Sek. fein pürieren, bis ein cremiger Drink entstanden ist. Nach Belieben noch etwas Wasser zum Verdünnen dazugeben und erneut kurz mixen.

4 Den Kirschdrink behutsam über einen Löffel in die Gläser füllen, sodass er sich als zweite Schicht auf den Bananendrink setzt. Den Drink sofort servieren.

TIPP

Durch die zwei farbigen Schichten sieht der Drink einfach umwerfend aus. Doch wer es eilig hat, kann natürlich auch alle Zutaten auf einmal mixen!

Für 2 Gläser à 350 ml • 15 Min. Zubereitung • Pro Portion ca. 200 kcal, 6 g E, 6 g F, 23 g KH

TROPICAL SMOOTHIE

EXOTISCH

100 g TK-Mango (gewürfelt)
1 kleine Banane (ca. 150 g)
150 g Papayafruchtfleisch (von ca. 200 g Papaya)
1 EL Erdnusskerne (geröstet und gesalzen)
200 g Joghurt (1,5 % Fett)
150 g Kokosmilch
1 TL Kokosraspel

1 Die Mangowürfel in den Mixer geben und ca. 10 Min. antauen lassen. Inzwischen die Banane schälen und in grobe Stücke schneiden. Das Papayafruchtfleisch ebenfalls in grobe Stücke schneiden. Die Erdnüsse grob hacken.

2 Die Bananen- und Papayastücke mit dem Joghurt und der Kokosmilch in den Mixer zu den Mangostücken geben.

3 Den Mixer verschließen und auf kleinster Stufe starten. Dann alles auf höchster Stufe 40–50 Sek. fein pürieren, bis ein cremiger Drink entstanden ist.

4 Nach Belieben noch etwas Wasser zum Verdünnen dazugeben und erneut kurz mixen. Den Drink in Gläser füllen, mit Erdnüssen und Kokosraspeln garnieren und servieren.

Für 2 Gläser à 350 ml • 15 Min. Zubereitung • Pro Portion ca. 260 kcal, 14 g E, 13 g F, 20 g KH

RÜBLI SPEZIAL

KALORIENARM

200 g Möhre
1 mittelgroße Orange (ca. 250 g)
150 g Magerquark
250 g Kokosmilch
2 EL Kokosraspel
2 EL Walnusskerne
¼ TL Zimtpulver
¼ TL gemahlene Vanille

1 Die Möhre putzen, schälen und in kleine Stücke schneiden. Die Orange schälen, sodass auch die weiße Innenhaut mit entfernt wird. Die Orange in grobe Stücke schneiden.

2 Die Möhren- und Orangenstücke mit Quark, Kokosmilch, Kokosraspeln, Walnüssen, Zimtpulver und Vanille in den Mixer geben.

3 Den Mixer verschließen und auf kleinster Stufe starten. Dann alles auf höchster Stufe 40–50 Sek. fein pürieren, bis ein cremiger Drink entstanden ist.

4 Nach Belieben noch etwas Wasser zum Verdünnen dazugeben und erneut kurz mixen. Den Drink in Gläser füllen und servieren, nach Belieben mit Trinkhalmen.

Für 2 Gläser à 350 ml • 10 Min. Zubereitung • Pro Portion ca. 290 kcal, 13 g E, 15 g F, 22 g KH

ZIMT AM SÜDSEESTRAND

SÄTTIGT GUT

1 kleine Banane (ca. 150 g)
350 g Joghurt (1,5 % Fett)
200 g Kokosmilch
2 EL Erdnussmus
2 EL Chia-Samen
½ TL Zimtpulver
2 TL Kokosraspel

1 Die Banane schälen und in grobe Stücke schneiden. Die Bananenstücke mit Joghurt, Kokosmilch, Erdnussmus, Chia-Samen und Zimtpulver in den Mixer geben.

2 Den Mixer verschließen und auf kleinster Stufe starten. Dann alles auf höchster Stufe 40–50 Sek. fein pürieren, bis ein cremiger Drink entstanden ist.

3 Nach Belieben noch etwas Wasser zum Verdünnen dazugeben und erneut kurz mixen. Den Drink in Gläser füllen, mit je 1 TL Kokosraspeln garnieren und servieren.

Für 2 Gläser à 350 ml • 10 Min. Zubereitung • Pro Portion ca. 235 kcal, 17 g E, 8 g F, 22 g KH

APFEL-NUSS-SHAKE

KLASSIKER

1 kleiner Apfel (ca. 150 g)
200 g Magerquark
300 ml Mandeldrink (ungesüßt)
2 EL Rosinen
2 EL Erdnusskerne (geröstet und gesalzen)
4 Eiswürfel
2 Msp. gemahlene Vanille
2 TL Schokoladenstreusel

1 Den Apfel waschen und in grobe Stücke schneiden, dabei das Kerngehäuse entfernen. Die Apfelstücke mit Quark, Mandeldrink, Rosinen, Erdnüssen, Eiswürfeln und Vanille in den Mixer geben.

2 Den Mixer verschließen und auf kleinster Stufe starten. Dann alles auf höchster Stufe 40–50 Sek. fein pürieren, bis ein cremiger Drink entstanden ist.

3 Nach Belieben noch etwas Wasser zum Verdünnen dazugeben und erneut kurz mixen. Den Drink in Gläser füllen, mit je 1 TL Schokoladenstreuseln garnieren und servieren.

Für 2 Gläser à 350 ml • 15 Min. Zubereitung • Pro Portion ca. 285 kcal, 16 g E, 10 g F, 32 g KH

PINK PRINCESS

REICH AN ANTIOXIDANTIEN

100 g TK-Himbeeren
150 g Rote Bete (ersatzweise vorgegarte, vakuumierte Rote Bete)
1 Banane (ca. 150 g)
200 g körniger Frischkäse
150 ml Orangensaft
1 TL Rapsöl
1 EL gehackte Pistazienkerne

1 Von den Himbeeren 4–6 schöne Exemplare als Garnitur beiseitelegen. Die übrigen Himbeeren in den Mixer geben und ca. 10 Min. antauen lassen. Inzwischen die Rote Bete putzen, schälen und in kleine Stücke schneiden. Die Banane schälen und grob schneiden.

2 Rote Bete und Banane mit Frischkäse, Orangensaft und Rapsöl zu den Himbeeren in den Mixer geben.

3 Den Mixer verschließen und auf kleinster Stufe starten. Dann alles auf höchster Stufe 40–50 Sek. fein pürieren, bis ein cremiger Drink entstanden ist.

4 Nach Belieben noch etwas Wasser zum Verdünnen dazugeben und erneut kurz mixen. Den Drink in Gläser füllen. Mit beiseitegelegten Himbeeren und Pistazien garnieren und servieren, nach Belieben mit Trinkhalmen.

Für 2 Gläser à 350 ml • 15 Min. Zubereitung • Pro Portion ca. 210 kcal, 15 g E, 3 g F, 28 g KH

SWEET SUNRISE

VITAMINREICH

200 g TK-Ananas (in Stücken)
1 kleine Birne (ca. 150 g)
1 Maracuja
200 g Joghurt (1,5 % Fett)
150 g Magerquark
6 Eiswürfel
2 Msp. Cayennepfeffer

1 Die Ananasstücke in den Mixer geben und ca. 10 Min. antauen lassen. Inzwischen die Birne waschen, schälen und vierteln. Die Birnenviertel entkernen und in grobe Stücke schneiden.

2 Die Maracuja halbieren, das Fruchtfleisch mit einem Löffel aus der Schale lösen und zur Ananas in den Mixer geben. Birnenstücke, Joghurt, Quark und Eiswürfel ebenfalls in den Mixer geben.

3 Den Mixer verschließen und auf kleinster Stufe starten, dann alles auf höchster Stufe 40–50 Sek. fein pürieren, bis ein cremiger Drink entstanden ist.

4 Nach Belieben noch etwas Wasser zum Verdünnen dazugeben und erneut kurz mixen. Den Drink in Gläser füllen, mit je 1 Msp. Cayennepfeffer garnieren und servieren.

Für 2 Gläser à 350 ml • 15 Min. Zubereitung • Pro Portion ca. 255 kcal, 16 g E, 7 g F, 19 g KH

PFIRSICH-MANDEL-SHAKE

ITALIENISCH

6 Amarettini (ital. Mandelkekse)
1 kleine Banane (ca. 150 g)
1 Pfirsich (ersatzweise 100 g Pfirsich aus der Dose)
200 g Magerquark
300 ml Mandeldrink (ungesüßt)
1 EL Mandelöl (nach Belieben)

1 Die Amarettini in einen Gefrierbeutel geben und mit dem Nudelholz, einem Topfboden oder der Faust etwas zerbröseln.

2 Die Banane schälen und in grobe Stücke schneiden. Den Pfirsich waschen, halbieren und entsteinen, die Hälften grob schneiden. Bananen- und Pfirsichstücke mit Quark, Mandeldrink und nach Belieben dem Mandelöl in den Mixer geben.

3 Den Mixer verschließen und auf kleinster Stufe starten. Dann alles auf höchster Stufe 40–50 Sek. fein pürieren, bis ein cremiger Drink entstanden ist.

4 Nach Belieben noch etwas Wasser zum Verdünnen dazugeben und erneut kurz mixen. Den Drink in Gläser füllen. Die Keksbrösel darauf verteilen und mit dem Löffel unterheben. Sofort servieren.

Für 2 Gläser à 350 ml • 15 Min. Zubereitung • Pro Portion ca. 315 kcal, 15 g E, 14 g F, 33 g KH

SUNSET HILL

FÜR ABENDS

1 Blutorange (ca. 250 g)
150 g Tofu
200 g Joghurt (1,5 % Fett)
100 ml Orangensaft
100 ml Granatapfelsaft
2 EL Mandelmus

1 Die Blutorange schälen, sodass auch die weiße Innenhaut mit entfernt wird. Die Orange in grobe Stücke schneiden. Den Tofu ebenfalls grob schneiden.

2 Die Orangen- und Tofustücke mit Joghurt, Orangensaft, Granatapfelsaft und Mandelmus in den Mixer geben.

3 Den Mixer verschließen und auf kleinster Stufe starten. Dann alles auf höchster Stufe 40–50 Sek. fein pürieren, bis ein cremiger Drink entstanden ist.

4 Nach Belieben noch etwas Wasser zum Verdünnen dazugeben und erneut kurz mixen. Den Drink in Gläser füllen und servieren, nach Belieben mit Trinkhalmen.

Für 2 Gläser à 350 ml • 20 Min. Zubereitung • Pro Portion ca. 455 kcal, 12 g E, 31 g F, 29 g KH

WHITE CHOCOLATE MINT

SÄTTIGT GUT

200 ml Milch (1,5 % Fett)
50 g weiße Schokolade
1 kleine Avocado (ca. 200 g)
10 Minzeblätter
250 g Joghurt (1,5 % Fett)
2 EL ungeschälte Hanfsamen (ersatzweise Chia-Samen)
4 Eiswürfel

1 Die Milch in einem kleinen Topf bei kleiner Hitze erwärmen. Die Schokolade mit einem großen Messer grob hacken, in die heiße Milch geben und unter Rühren darin auflösen. Die Milchmischung in den Mixer füllen.

2 Die Avocado halbieren und entkernen. Das Fruchtfleisch mit einem Löffel aus der Schale lösen und ebenfalls in den Mixer geben. Die Minzeblätter kalt abbrausen, 2 schöne Blätter für die Garnitur beiseitelegen. Die Minzeblätter mit Joghurt, Hanf und Eiswürfeln in den Mixer geben.

3 Den Mixer verschließen und auf kleinster Stufe starten. Dann alles auf höchster Stufe 40–50 Sek. fein pürieren, bis ein cremiger Drink entstanden ist. Nach Belieben noch etwas Wasser zum Verdünnen dazugeben und erneut kurz mixen. Den Drink in Gläser füllen, mit je 1 Minzeblatt garnieren und servieren.

Für 2 Gläser à 350 ml • 20 Min. Zubereitung • Pro Portion ca. 280 kcal, 11 g E, 18 g F, 19 g KH

HIMBEERE MIT FANTASIE

GLUTENFREI

200 g TK-Himbeeren
250 g Joghurt (1,5 % Fett)
200 g Kokosmilch
2 EL ungeschälte Hanfsamen (ersatzweise Chia-Samen)
2 EL Mandelmus
2 EL Cashewkerne

1 Die Himbeeren in den Mixer geben und ca. 10 Min. antauen lassen. Joghurt, Kokosmilch, Hanfsamen, Mandelmus und Cashewkerne zu den Himbeeren in den Mixer geben.

2 Den Mixer verschließen und auf kleinster Stufe starten. Dann alles auf höchster Stufe 40–50 Sek. fein pürieren, bis ein cremiger Drink entstanden ist. Nach Belieben noch etwas Wasser zum Verdünnen dazugeben und erneut kurz mixen. In Gläser füllen und servieren.

GU **CLOU**

Wer frische Himbeeren hat und ein paar Tage lagern möchte: In Essigessenz-Wasser (1 zu 10) waschen, abtropfen lassen und kühlen. Essig tötet Keime ab!

GEMÜSESHAKES

47 BLACK PANTHER

48 THE GLOW

49 RUBY DETOX

50 BRAIN BOOSTER

52 INGWER-MINZE-DETOX

53 GURKEN-PAPAYA-MIX

54 ZITRONEN-LASSI

55 GRÜNE ORANGE

56 PURPLE PASSION

58 BROKKOLI-HELD

59 SPINAT-HELDIN

Für 2 Gläser à 350 ml • 20 Min. Zubereitung • Pro Portion ca. 250 kcal, 15 g E, 5 g F, 32 g KH

BLACK PANTHER

BALLASTSTOFFREICH

150 g Rote Bete (ersatzweise vorgegarte, vakuumierte Rote Bete)
150 g körniger Frischkäse
100 ml Orangensaft
100 g schwarze Bohnen (Dose, abgetropft)
1 EL Kakaopulver
1 EL Honig
100 ml kalter Kaffee
2 Msp. gemahlener Anis

1 Die Rote Bete putzen, schälen und in kleine Stücke schneiden. Die Rote-Bete-Stücke mit Frischkäse und Orangensaft in den Mixer geben. Den Mixer verschließen und auf kleinster Stufe starten. Dann alles auf höchster Stufe 40–50 Sek. fein pürieren, bis ein cremiger Drink entstanden ist. Den Rote-Bete-Mix in die Gläser füllen. Den Mixer ausspülen.

2 Die Bohnen mit Kakaopulver, Honig, Kaffee, Anis und 50 ml Wasser in den Mixer geben. Den Mixer verschließen und auf kleinster Stufe starten. Dann alles auf höchster Stufe 40–50 Sek. fein pürieren, bis ein cremiger Drink entstanden ist. Nach Belieben noch etwas Wasser zum Verdünnen dazugeben und erneut kurz mixen.

3 Den Bohnenmix behutsam über einen Löffelrücken in die Gläser füllen, sodass er sich als zweite Schicht auf dem Rote-Bete-Mix setzt. Einen langen Löffelstiel oder Trinkhalm in kreisförmigen Bewegungen durch beide Schichten ziehen, sodass ein Marmormuster entsteht. Sofort servieren.

GU **CLOU**

Der Drink taugt als morgendlicher Muntermacher: Frischkäse und Bohnen dienen als Eiweißkick, mit Orangensaft und Roter Bete tanken Sie eine Fülle an Vitalstoffen, und Kaffee und Kakako liefern anregendes Koffein. Und dank der Mixtur aus schnell und langsam verwertbaren Kohlenhydraten sättigt der Drink nach einem raschen Energieschub lange.

Für 2 Gläser à 350 ml • 15 Min. Zubereitung • Pro Portion ca. 185 kcal, 14 g E, 4 g F, 22 g KH

THE GLOW

GLUTENFREI

100 TK-Erbsen
100 g Möhre
100 g Salatgurke
1 kleiner grüner Apfel (ca. 150 g)
½ Limette
4 Basilikumblätter
150 g körniger Frischkäse
100 ml Orangensaft

1 Die Erbsen in den Mixer geben und ca. 10 Min. antauen lassen. Inzwischen die Möhre putzen, schälen und in kleine Stücke schneiden. Die Gurke waschen und grob schneiden. Den Apfel waschen und ebenfalls grob schneiden, dabei das Kerngehäuse entfernen. Den Limettensaft auspressen. Das Basilikum kalt abbrausen, trocken tupfen und in feine Streifen schneiden.

2 Möhre, Gurke, Apfel, Limettensaft, Frischkäse und Orangensaft zu den Erbsen in den Mixer geben. Den Mixer verschließen und auf kleinster Stufe starten. Dann alles auf höchster Stufe 40–50 Sek. fein pürieren, bis ein cremiger Drink entstanden ist.

3 Nach Belieben noch etwas Wasser zum Verdünnen dazugeben und erneut kurz mixen. Den Drink in Gläser füllen, mit Basilikum garnieren und servieren.

Für 2 Gläser à 350 ml • 20 Min. Zubereitung • Pro Portion ca. 200 kcal, 16 g E, 6 g F, 19 g KH

RUBY DETOX

REICH AN ANTIOXIDANTIEN

100 g TK-Rhabarber (küchenfertig geschnitten)
100 g TK-Erdbeeren
150 g Rote Bete (ersatzweise vorgegarte, vakuumierte Rote Bete)
100 g Salatgurke
1 Stück Ingwer (ca. 2 cm lang)
200 g körniger Frischkäse
1 EL ungeschälte Hanfsamen (ersatzweise Chia-Samen)

1 Rhabarber und Erdbeeren in den Mixer geben und ca. 10 Min. antauen lassen. Inzwischen die Rote Bete putzen, schälen und in kleine Stücke schneiden. Die Gurke waschen und grob schneiden. Den Ingwer schälen und fein raspeln.

2 Rote Bete, Gurke und Ingwer mit Frischkäse, Hanfsamen und 50 ml Wasser in den Mixer geben.

3 Den Mixer verschließen und auf kleinster Stufe starten. Dann alles auf höchster Stufe 40–50 Sek. fein pürieren, bis ein cremiger Drink entstanden ist.

4 Nach Belieben noch etwas Wasser zum Verdünnen dazugeben und alles erneut kurz mixen. Drink in Gläser füllen und servieren, nach Belieben mit Trinkhalmen.

Für 2 Gläser à 350 ml • 15 Min. Zubereitung • Pro Portion ca. 440 kcal, 14 g E, 31 g F, 24 g KH

BRAIN BOOSTER

REICH AN OMEGA 3

100 g TK-Ananas (in Stücken)
30 g grüne Salatblätter (z. B. Kopfsalat)
1 kleiner grüner Apfel (150 g)
100 g Kokosmilch
200 g Joghurt (1,5 % Fett)
50 g geschälte Mandeln
50 g Walnusskerne
2 EL Haferflocken

GUT ZU WISSEN
Da unser Gehirn keine Nährstoffe auf Vorrat speichern kann, müssen wir es regelmäßig damit versorgen. Nüsse und Haferflocken liefern essenzielle Fettsäuren, Ananas, Salat und Apfel sorgen für Vitamine und Mineralstoffe.

1 Die Ananasstücke in den Mixer geben und ca. 10 Min. antauen lassen. Inzwischen die Salatblätter waschen, abtropfen lassen und etwas kleiner zupfen. Den Apfel waschen und in grobe Stücke schneiden, dabei das Kerngehäuse entfernen.

2 Den Salat und die Apfelstücke mit Kokosmilch, Joghurt, Mandeln, Walnüssen und Haferflocken zu den Ananasstücken in den Mixer geben.

3 Den Mixer verschließen und auf kleinster Stufe starten. Dann alles 40–50 Sek. auf höchster Stufe fein pürieren, bis ein cremiger Drink entstanden ist.

4 Nach Belieben noch etwas Wasser zum Verdünnen dazugeben und erneut kurz mixen. Den Drink in Gläser füllen und sofort servieren, nach Belieben mit Trinkhalmen.

Für 2 Gläser à 350 ml • 20 Min. Zubereitung • Pro Portion ca. 450 kcal, 20 g E, 31 g F, 20 g KH

INGWER-MINZE-DETOX

VEGAN

150 g Salatgurke
1 kleine Banane (ca. 150 g)
250 g Tofu
6 grüne Salatblätter (z. B. Kopfsalat)
1 Stück Ingwer (ca. 3 cm lang)
1 Limette
10 Minzeblätter
200 g Kokosmilch
2 EL ungeschälte Hanfsamen (ersatzweise Chia-Samen)

1 Die Gurke waschen und in grobe Stücke schneiden. Die Banane schälen und ebenfalls grob schneiden. Den Tofu grob schneiden. Die Salatblätter waschen, trocken schütteln und etwas kleiner zupfen. Den Ingwer waschen, schälen und fein raspeln. Die Limette halbieren und den Saft auspressen. Die Minze abbrausen.

2 Gurke, Banane, Tofu, Salat, Ingwer, Limettensaft und Minze mit Kokosmilch und Hanfsamen in den Mixer geben.

3 Den Mixer verschließen und auf kleinster Stufe starten. Dann alles auf höchster Stufe 40–50 Sek. fein pürieren, bis ein cremiger Drink entstanden ist.

4 Nach Belieben noch etwas Wasser zum Verdünnen dazugeben und erneut kurz mixen. Den Drink in Gläser füllen und servieren.

Für 2 Gläser à 350 ml • 15 Min. Zubereitung • Pro Portion ca. 270 kcal, 10 g E, 18 g F, 13 g KH

GURKEN-PAPAYA-MIX

REICH AN OMEGA 3

150 g Papayafruchtfleisch (von ca. 200 g Papaya)
100 g Salatgurke
250 g Joghurt (1,5 % Fett)
150 ml Milch (1,5 % Fett)
1 EL Olivenöl
3 EL Walnusskerne

1 Die Papaya in grobe Stücke schneiden. Die Gurke schälen und längs halbieren, die Kerne mit einem Löffel entfernen. Die Gurke in grobe Stücke schneiden.

2 Die Papaya- und Gurkenstücke mit Joghurt, Milch, Olivenöl und Walnüssen in den Mixer geben.

3 Den Mixer verschließen und auf kleinster Stufe starten. Dann alles auf höchster Stufe 40–50 Sek. fein pürieren, bis ein cremiger Drink entstanden ist.

4 Nach Belieben noch etwas Wasser zum Verdünnen dazugeben und erneut kurz mixen. Den Drink in Gläser füllen und servieren.

Für 2 Gläser à 350 ml • 15 Min. Zubereitung • Pro Portion ca. 195 kcal, 11 g E, 5 g F, 24 g KH

ZITRONEN-LASSI

VEGAN

100 g TK-Ananas (in Stücken)
200 g Salatgurke
1 Zitrone
4 Datteln (entsteint; am besten Soft-Datteln)
300 g Sojaghurt (ungesüßt)
2 EL Lupinenmehl (ersatzweise Mandelmehl)
1 TL gemahlene Kurkuma
ca. 50 ml Mineralwasser (mit Kohlensäure)

1 Die Ananasstücke in den Mixer geben und ca. 10 Min. antauen lassen. Inzwischen die Gurke schälen und in grobe Stücke schneiden. Die Zitrone halbieren und den Saft auspressen. Die Datteln halbieren oder klein schneiden.

2 Gurkenstücke, Zitronensaft und Datteln mit Sojaghurt, Lupinenmehl und Kurkuma in den Mixer zur Ananas geben.

3 Den Mixer verschließen und auf kleinster Stufe starten. Dann alles auf höchster Stufe 40–50 Sek. fein pürieren, bis ein cremiger Drink entstanden ist.

4 Den Drink in Gläser füllen und mit so viel Mineralwasser aufgießen, bis die gewünschte Konsistenz erreicht ist. Nach Belieben mit Trinkhalmen servieren.

Für 2 Gläser à 350 ml • 15 Min. Zubereitung • Pro Portion ca. 265 kcal, 14 g E, 12 g F, 22 g KH

GRÜNE ORANGE

REICH AN OMEGA 3

100 g TK-Erbsen
50 g Blattspinat
1 mittelgroße Orange (ca. 250 g)
250 ml Milch (1,5 % Fett)
2 EL Chia-Samen
2 EL geschälte Mandeln
1 TL heller Sesam

1 Die Erbsen in den Mixer geben und ca. 10 Min. antauen lassen. Inzwischen den Spinat verlesen, gründlich waschen, samt Stielen grob zerzupfen und etwas abtropfen lassen. Die Orange schälen, sodass auch die weiße Innenhaut mit entfernt wird. Orange in grobe Stücke schneiden.

2 Spinat und Orangenstücke mit Milch, Chia-Samen und Mandeln zu den Erbsen in den Mixer geben.

3 Den Mixer verschließen und auf kleinster Stufe starten. Dann alles auf höchster Stufe 40–50 Sek. fein pürieren, bis ein cremiger Drink entstanden ist.

4 Nach Belieben noch etwas Wasser zum Verdünnen dazugeben und erneut kurz mixen. Den Drink in Gläser füllen, mit Sesam garnieren und servieren.

Für 2 Gläser à 350 ml • 20 Min. Zubereitung • Pro Portion ca. 205 kcal, 15 g E, 8 g F, 18 g KH

PURPLE PASSION

KALORIENARM

150 g TK-Erdbeeren
100 g TK-Heidelbeeren
150 g Blattspinat
200 g körniger Frischkäse (0,1 % Fett)
1 EL Pinienkerne
½ TL gemahlene Vanille

1 Die Erdbeeren und die Heidelbeeren in den Mixer geben und ca. 10 Min. antauen lassen. Inzwischen den Spinat verlesen, gründlich waschen, samt Stielen grob zerzupfen und etwas abtropfen lassen.

2 Den Spinat mit Frischkäse, Pinienkernen, Vanille und 100 ml Wasser zu den Beeren in den Mixer geben.

3 Den Mixer verschließen und auf kleinster Stufe starten. Dann alles auf höchster Stufe 40–50 Sek. fein pürieren, bis ein cremiger Drink entstanden ist.

4 Nach Belieben noch etwas Wasser zum Verdünnen dazugeben und erneut kurz mixen. Den Drink in Gläser füllen und sofort servieren.

GU **CLOU**

Körniger Frischkäse (Hüttenkäse) ist eine Eiweißbombe und ideal für Eiweißdrinks. Es gibt ihn mit einem Fettgehalt von 0,1 bis 4 Prozent. Gerade in diesem Rezept sorgt die magere Sorte Frischkäse für ein besonders harmonisches Zusammenspiel der Zutaten, da sein Geschmack neutraler ist. Doch grundsätzlich spielt die Sorte keine Rolle – probieren Sie aus, was Ihnen besser schmeckt!

Für 2 Gläser à 350 ml • 15 Min. Zubereitung • Pro Portion ca. 125 kcal, 12 g E, 3 g F, 14 g KH

BROKKOLI-HELD

EINFACH

150 g TK-Brokkoliröschen
150 g TK-Ananas (in Stücken)
50 g TK-Erdbeeren
300 ml Mandeldrink (ungesüßt)
20 g gemahlene Gelatine

1 Brokkoliröschen, Ananas und Erdbeeren in den Mixer geben und ca. 10 Min. antauen lassen.

2 Mandeldrink, Gelatine und 50 ml Wasser zu den Zutaten in den Mixer geben. Den Mixer verschließen und auf kleinster Stufe starten. Dann alles auf höchster Stufe in 40–50 Sek. fein pürieren, bis ein cremiger Drink entstanden ist.

3 Nach Belieben noch etwas Wasser zum Verdünnen dazugeben und erneut kurz mixen. Den Drink in Gläser füllen und servieren, nach Belieben mit Trinkhalmen.

Für 2 Gläser à 350 ml • 20 Min. Zubereitung • Pro Portion ca. 315 kcal, 14 g E, 13 g F, 31 g KH

SPINAT-HELDIN

BALLASTSTOFFREICH

1 kleiner Apfel (ca. 150 g)
1 kleine Birne (ca. 150 g)
50 g Blattspinat
300 g Joghurt (1,5 % Fett)
50 g Haferkleie
30 g gemahlene Mandeln
¼ TL Zimtpulver
1 Msp. frisch geriebene Muskatnuss
¼ TL gemahlene Vanille

1 Den Apfel und die Birne schälen und in grobe Stücke schneiden, dabei jeweils das Kerngehäuse entfernen. Den Spinat verlesen, gründlich waschen, samt Stielen grob zerzupfen und etwas abtropfen lassen.

2 Apfel, Birne und Spinat mit Joghurt, Haferkleie, Mandeln, Zimtpulver, Muskat und Vanille in den Mixer geben.

3 Den Mixer verschließen und auf kleinster Stufe starten. Dann alle Zutaten auf höchster Stufe fein pürieren, bis ein cremiger Drink entstanden ist.

4 Nach Belieben noch etwas Wasser zum Verdünnen dazugeben und erneut kurz mixen. Den Drink in Gläser füllen und servieren, nach Belieben mit Trinkhalmen.

REGISTER

Vegetarische Rezepte, die im Buch mit einem 🌿 gekennzeichnet sind, sind hier grün abgesetzt.

A/B

Ananas
- Brain Booster 50
- Brokkoli-Held 58
- Sweet Sunrise 39
- Zitronen-Lassi 54

Apfel
- Apfel-Nuss-Shake 37
- Brain Booster 50
- Müsli-Monster 19
- Spinat-Heldin 59
- The Glow 48

Banane
- Banana Split 15
- Banane-Kirsch-Shake 32
- Coffee Lover 26
- Energy Powerhouse 12
- Erbsen-Bananen-Drink 25
- Ingwer-Minze-Detox 52
- Lila Ballaststoff-Power 16
- Mandel-Kokos-Mocha 27
- Mandeltraum 10
- Nugat-Bananen-Shake 18
- Pfirsich-Mandel-Shake 40
- Pink Princess 38
- Tropical Smoothie 34
- Weiße Vanillecreme 21
- Zimt am Südseestrand 36

Birne
- Spinat-Heldin 59
- Sweet Sunrise 39

Black Panther 47

Bohnen
- Black Panther 47
- Schoko-Monster 20

Brain Booster 50

Brokkoli-Held 58

C/E

Coffee Lover 26

Cookies & Cream 31

Energy Powerhouse 12

Erbsen
- Erbsen-Bananen-Drink 25
- Grüne Orange 55
- The Glow 48

Erdbeeren
- Brokkoli-Held 58
- Erdbeermix mit 3 Zutaten 5
- Love Potion 14
- Purple Passion 56
- Ruby Detox 49

G/H/I

Grüne Orange 55

Gurke
- Gurken-Papaya-Mix 53
- Ingwer-Minze-Detox 52
- Ruby Detox 49
- The Glow 48
- Zitronen-Lassi 54

Hafer
- Brain Booster 50
- Coffee Lover 26
- Indischer Sonnenaufgang 11
- Lila Ballaststoff-Power 16
- Mandeltraum 10
- Melonen-Saaten-Mix 23
- Müsli-Monster 19
- Spinat-Heldin 59
- Weiße Vanillecreme 21

Hanfsamen
- Himbeere mit Fantasie 43
- Ingwer-Minze-Detox 52
- Love Potion 14
- Ruby Detox 49
- White Chocolate Mint 42

Heidelbeeren
- Heidelbeer-Kraftmix 22
- Lila Ballaststoff-Power 16
- Purple Passion 56

Himbeeren
- Himbeere mit Fantasie 43
- Pink Princess 38

Indischer Sonnenaufgang 11

Ingwer-Minze-Detox 52

K/L

Kirschen
- Banana Split 15
- Banane-Kirsch-Shake 32

Kokos
- Brain Booster 50
- Himbeere mit Fantasie 43
- Ingwer-Minze-Detox 52
- Love Potion 14
- Mandel-Kokos-Mocha 27
- Mandeltraum 10
- Rübli Spezial 35
- Tropical Smoothie 34
- Zimt am Südseestrand 36

Lila Ballaststoff-Power 16

Love Potion 14

M/N

Mandeln
- Apfel-Nuss-Shake 37
- Banane-Kirsch-Shake 32
- Brain Booster 50

Brokkoli-Held 58
Grüne Orange 55
Himbeere mit Fantasie 43
Mandel-Kokos-Mocha 27
Mandeltraum 10
Müsli-Monster 19
Nugat-Bananen-Shake 18
Orange Fever 9
Pfirsich-Mandel-Shake 40
Schoko-Monster 20
Spinat-Heldin 59
Sunset Hill 41
Weiße Vanillecreme 21
Mango
Energy Powerhouse 12
Indischer Sonnenaufgang 11
Tropical Smoothie 34
Maracuja
Love Potion 14
Sweet Sunrise 39
Melonen-Saaten-Mix 23
Möhre
Orange Fever 9
Rübli Spezial 35
The Glow 48
Morning Date 13
Müsli-Monster 19
Nugat-Bananen-Shake 18
Nüsse & Kerne
Apfel-Nuss-Shake 37
Banana Split 15
Brain Booster 50
Energy Powerhouse 12
Erbsen-Bananen-Drink 25
Gurken-Papaya-Mix 53
Heidelbeer-Kraftmix 22
Himbeere mit Fantasie 43
Nugat-Bananen-Shake 18
Pink Princess 38
Purple Passion 56
Rübli Spezial 35
Tropical Smoothie 34
Zimt am Südseestrand 36

O/P

Orange
Black Panther 47
Grüne Orange 55
Morning Date 13
Orange Fever 9
Pink Princess 38
Rübli Spezial 35
Sunset Hill 41
The Glow 48
Papaya
Gurken-Papaya-Mix 53
Tropical Smoothie 34
Pfirsich-Mandel-Shake 40
Pink Princess 38
Purple Passion 56

R/S/T

Rhabarber: Ruby Detox 49
Rote Bete
Black Panther 47
Pink Princess 38
Ruby Detox 49
Rübli Spezial 35
Ruby Detox 49
Samen
Coffee Lover 26
Grüne Orange 55
Heidelbeer-Kraftmix 22
Lila Ballaststoff-Power 16
Melonen-Saaten-Mix 23
Weiße Vanillecreme 21
Zimt am Südseestrand 36
Schoko-Monster 20
Sojadrink/Sojaghurt
Energy Powerhouse 12
Erbsen-Bananen-Drink 25
Zitronen-Lassi 54
Spinat
Grüne Orange 55
Purple Passion 56
Spinat-Heldin 59
Sunset Hill 41
Sweet Sunrise 39
The Glow 48
Tofu
Banane-Kirsch-Shake 32
Energy Powerhouse 12
Erbsen-Bananen-Drink 25
Ingwer-Minze-Detox 52
Sunset Hill 41
Weiße Vanillecreme 21
Tropical Smoothie 34

W/Z

Weiße Vanillecreme 21
White Chocolate Mint 42
Zimt am Südseestrand 36
Zitronen-Lassi 54

Abkürzungsverzeichnis:
E = Eiweiß
EL = Esslöffel (gestrichen)
F = Fett
kcal = Kilokalorien
KH = Kohlenhydrate
Pck. = Päckchen
TL = Teelöffel (gestrichen)
Ø = Durchmesser

© 2019 GRÄFE UND UNZER VERLAG GmbH, München
Alle Rechte vorbehalten. Nachdruck, auch auszugsweise, sowie die Verbreitung durch Film, Funk, Fernsehen und Internet, durch fotomechanische Wiedergabe, Tonträger und Datenverarbeitungssysteme jeglicher Art nur mit schriftlicher Genehmigung des Verlages.

Projektleitung: Monika Greiner
Lektorat: Karin Kerber
Korrektorat: Ulrike Wagner
Gesamtgestaltung: independent Medien-Design, München: Horst Moser (Artdirection), Lucie Heselich, Svenja Wamser
Herstellung: Petra Roth
Satz: Kösel, Krugzell
Reproduktion: Repro Ludwig, Zell am See
Druck und Bindung: Firmengruppe APPL, aprinta druck, Wemding
Syndication: www.seasons.agency
Printed in Germany

1. Auflage 2019
ISBN 978-3-8338-6942-6

www.facebook.com/gu.verlag

GRÄFE UND UNZER

Ein Unternehmen der GANSKE VERLAGSGRUPPE

DER AUTOR

Nico Stanitzok ist viel beschäftigter Koch, Kochbuchautor und Blogger. Er liebt unkomplizierte Rezepte und deswegen auch Rezepte aus dem Mixer, die wunderbar schmecken und bewusst für Fitness und Wohlfühlen eingesetzt werden können. Im GRÄFE UND UNZER VERLAG sind bereits mehrere erfolgreiche Titel von ihm erschienen. Mehr vom Autor unter www.nicostanitzok.de

DER FOTOGRAF

Mathias Neubauer ist Foodfotograf und arbeitet für internationale Buchverlage. Zusammen mit seinem Bruder **Andreas Neubauer** (Foodstyling) hat er die erstaunliche Vielfalt von Eiweißdrinks kennengelernt und sie bunt und leuchtend in Szene gesetzt.

BILDNACHWEIS

Mathias Neubauer: S. 06–59 und Stepfotos auf den Klappen
AUEN60 Photography (Julia Schärdel & Ines Häberlein): S. 01, 05 und Stillleben auf den Klappen
Privat: Autorenfoto
Kathrin Koschitzki: Coverfoto

Umwelthinweis:
Dieses Buch ist auf PEFC-zertifiziertem Papier aus nachhaltiger Waldwirtschaft gedruckt.

QUALITÄTS G|U GARANTIE

LIEBE LESERINNEN UND LESER,

wir wollen Ihnen mit diesem Buch Informationen und Anregungen geben, um Ihnen das Leben zu erleichtern oder Sie zu inspirieren, Neues auszuprobieren. Wir achten bei der Erstellung unserer Bücher auf Aktualität und stellen höchste Ansprüche an Inhalt und Gestaltung. Alle Anleitungen und Rezepte werden von unseren Autoren, jeweils Experten auf ihrem Gebiet, gewissenhaft erstellt und von unseren Redakteuren/innen mit größter Sorgfalt ausgewählt und geprüft.

Haben wir Ihre Erwartungen erfüllt? Sind Sie mit diesem Buch und seinen Inhalten zufrieden? Haben Sie weitere Fragen zu diesem Thema? Wir freuen uns auf Ihre Rückmeldung, auf Lob, Kritik und Anregungen, damit wir für Sie immer besser werden können. Und wir freuen uns, wenn Sie diesen Titel weiterempfehlen, in Ihrem Freundeskreis oder online.

Sollten wir Ihre Erwartungen so gar nicht erfüllt haben, tauschen wir Ihnen Ihr Buch jederzeit gegen ein gleichwertiges zum gleichen oder ähnlichen Thema um.

KONTAKT

GRÄFE UND UNZER VERLAG
Leserservice
Postfach 86 03 13
81630 München
E-Mail: leserservice@graefe-und-unzer.de

Telefon: 0 08 00 / 72 37 33 33*
Telefax: 0 08 00 / 50 12 05 44*
Mo–Do: 9.00–17.00 Uhr
Fr: 9.00–16.00 Uhr (*gebührenfrei in D,A,CH)

APPETIT AUF MEHR?

ISBN 978-3-8338-5935-9

ISBN 978-3-8338-6188-8

ISBN 978-3-8338-4306-8

ISBN 978-3-8338-5180-3

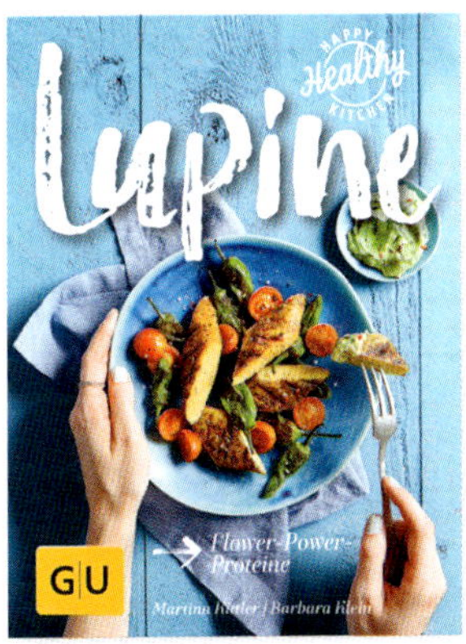

ISBN 978-3-8338-5940-3

ISBN 978-3-8338-5224-4

Alle hier vorgestellten Bücher sind auch als eBook erhältlich.

G|U

Mehr von GU auf **www.gu.de** und **facebook.com/gu.verlag**

DIE »GU KOCHEN PLUS«-APP

1 APP HERUNTERLADEN

Laden Sie die kostenlose »GU Kochen Plus«-App im Apple App Store oder im Google Play Store auf Ihr Smartphone. Starten Sie die App und wählen Sie Ihren Küchenratgeber aus.

2 REZEPTBILD SCANNEN

Scannen Sie das gewünschte Rezeptbild mit der Kamera Ihres Smartphones. Klicken Sie im Display die Funktion Ihrer Wahl.

3 FUNKTIONEN NUTZEN

Sammeln Sie Ihre Lieblingsrezepte. Speichern und verschicken Sie Ihre Einkaufslisten. Oder nutzen Sie den praktischen Supermarkt-Finder und den Rezept-Planer.